Vente des Lundi 14 et Mardi 15 Février 1881

HOTEL DROUOT, SALLE N° 1.

BELLE COLLECTION

ANCIENNES PORCELAINES

DE SÈVRES, DE SAXE, DE CHINE ET DU JAPON

Appartenant à M. X. de Madrid

EXPOSITION PUBLIQUE

Le Dimanche 13 Février 1881

De une heure à cinq heures.

COMMISSAIRE-PRISEUR,
Mᵉ CHARLES PILLET,
10, rue de la Grange-Batelière.

EXPERT,
M. CHARLES MANNHEIM
7, rue Saint-Georges.

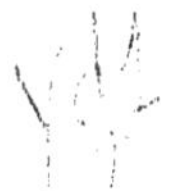

CATALOGUE

D'UNE BELLE COLLECTION

DE

ANCIENNES PORCELAINES

DE SÈVRES, DE SAXE, DE LA CHINE ET DU JAPON

Tasses, Écuelles, petits Vases, Assiettes, Cabarets, etc.,

en vieux Sèvres pâte tendre ;

Porcelaines de Menecy, de Chantilly et de Tournay ; Collection de fleurs

en porcelaine tendre et autres ; Groupes, Statuettes, Écuelles, Tasses, Cabarets, etc

en ancienne porcelaine de Saxe et d'Allemagne ;

Beaux Vases, Plats, Coupes, Assiettes en vieux Chine,

décorés en émaux de la famille verte et autres à fond bleu fouetté :

Pièces variées décorées en émaux de la famille rose ;

Statuettes, Chimères, Groupes en vieux Chine et en céladon.

Le tout appartenant à M. X. de Madrid

ET DONT LA VENTE AURA LIEU

HOTEL DROUOT, SALLE N° 1,

Les Lundi 14 et Mardi 15 Février 1881

A DEUX HEURES.

Par le ministère de Me **CHARLES PILLET**, Commissaire-Priseur,
10, rue de la Grange-Batelière,

Assisté de **M. CHARLES MANNHEIM**, Expert, 7, rue Saint-Georges,

Chez lesquels se trouve le présent Catalogue.

EXPOSITION PUBLIQUE : le Dimanche 13 Février 1881,

De une heure à cinq heures.

CONDITIONS DE LA VENTE

Elle sera faite au comptant.

Les adjudicataires payeront *cinq pour cent* en sus des enchères.

L'exposition mettant le public à même de se rendre compte de l'état des objets, il ne sera admis aucune réclamation une fois l'adjudication prononcée.

Paris. — Typ. Pillet et Dumoulin, 5, rue des Grands-Augustins.

DÉSIGNATION DES OBJETS

PORCELAINES DE SÈVRES

1 — Écuelle à deux anses avec couvercle et plateau oblong, en ancienne porcelaine de Sèvres pâte tendre, décorée de couronnes de lauriers et jetés de roses.

2 — Écuelle de même forme et de même qualité que la pièce qui précède. Celle-ci est décorée de pois d'or et d'une bordure de myosotis.

3 — Tasse et soucoupe de forme arrondie, en ancienne porcelaine de Sèvres pâte tendre, à médaillons de paysages et fond semé de pois d'or.

4 — Assiette creuse, en ancienne porcelaine de Sèvres pâte tendre, à médaillon de fleurs au centre sur fond brun clair et marli bleu turquoise, à réserves d'or reliées par des ornements dorés.

5 — Grande tasse de forme arrondie avec soucoupe et assiette, en ancienne porcelaine de Sèvres pâte tendre, gaufrée à ornements et décorée de hachures carmin. Belle qualité. Epoque Louis XV.

6 — Assiette à bords festonnés, en ancienne porcelaine de Sèvres pâte tendre, fond gros bleu caillouté d'or au marli et bouquet de fleurs au centre. Elle est montée en guise de plateau sur pieds et à anse en bronze doré.

7 — Tasse droite avec soucoupe, en ancienne porcelaine de Sèvres pâte tendre, à médaillons de fleurs d'or sur fond bleu, festons de fleurs, bords pointillés lilas et chiffre L. F. dans un médaillon ovale.

8 — Tasse droite avec soucoupe, en ancienne porcelaine de Sèvres pâte tendre, décorée de médaillons de paysages entre deux bordures d'ornements.

9 — Tasse droite avec soucoupe, en ancienne porcelaine de Sèvres pâte tendre, à pilastres d'or entourés de festons de fleurs et reliés par des galeries rosées.

10 — Porte-huilier de forme oblongue à quatre pieds et avec galeries découpées à palmettes, en ancienne porcelaine de Sèvres pâte tendre, décoré d'oiseaux voltigeant.

11 — Tasse droite avec soucoupe, en ancienne porcelaine de Sèvres pâte tendre, décorée au bord de rubans roses et de jetés de myosotis.

12 — Petite tasse droite avec soucoupe, en ancienne porcelaine de Sèvres pâte tendre, décorée de bandes brun clair transversales et entre-deux chinés violet foncé. Au bord, dentelle d'or.

13 — Tasse de forme arrondie avec soucoupe, en ancienne porcelaine de Sèvres pâte tendre, à médaillons de paysages et entre-deux à rubans tricolores et lauriers, avec roses sur fond jaune, au centre des entre-deux. Époque de la Révolution.

14 — Cabaret, en ancienne porcelaine de Sèvres pâte tendre, à bandes jaunes horizontales et entre-deux composés de couronnes de fleurs. Il se compose d'une théière, un sucrier, un pot à crème, un bol et six tasses droites avec soucoupes.

15 — Grande tasse sans anse avec couvercle et soucoupe, en ancienne porcelaine de Sèvres pâte tendre, à trophées d'armes et attributs en camaïeu vert et or avec encadrements à rubans enlacés bleus, blancs et rosés. Époque révolutionnaire.

16 — Tasse à deux anses avec soucoupe et couvercle, en ancienne porcelaine de Sèvres pâte tendre, à fond vert semé de fleurettes d'or, médaillons de fleurs et attributs révolutionnaires; et, au bord, ruban tricolore et branches de lauriers.

17 — Deux petits vases en deux dimensions, en ancienne porcelaine de Sèvres pâte tendre, décorés de fleurs. Marque au point.

18 — Deux vases analogues encore plus petits.

19 — Assiette à bords festonnés, en vieux Sèvres pâte tendre, à fleurs gaufrées en relief. Elle est décorée de bouquets de fleurs peintes en couleurs.

20 — Assiette à bord plat, en ancienne porcelaine de Sèvres pâte tendre, à ornements gaufrés au marli et dorés, et jetés de fleurs en camaïeu carmin.

21 — Plateau ovale à contours et à deux anses, en ancienne porcelaine de Sèvres pâte tendre, à médaillons de fleurs sur fond brun encadrés et reliés par des festons de fleurs et de lauriers. Le fond du plateau est décoré de fleurettes d'or.

22 — Tasse droite avec soucoupe, en ancienne porcelaine de Sèvres pâte tendre, à hachures bleues au bord et jetés de fleurs.

23 — Deux assiettes, en ancienne porcelaine de Sèvres pâte tendre ; le marli bleu est décoré d'ornements dorés et le centre offre dans un médaillon rond un oiseau : sur l'une l'imbrin, sur l'autre la huppe.

24 — Quatre tasses de forme arrondie avec soucoupes, en ancienne porcelaine de Sèvres pâte tendre, décorées de jetés de fleurs.

25 — Tasse trembleuse à anse avec couvercle et soucoupe, de mêmes porcelaine et décor.

26-27 — Deux théières de forme arrondie, de mêmes porcelaine et décor.

28 — Sucrier ovale avec couvercle et plateau, en ancienne porcelaine de Sèvres pâte tendre, décoré de jetés de fleurs. La poignée du couvercle, à enroulements, est rehaussée de bleu.

29 — Saladier rond et à côtes, en ancienne porcelaine de Sèvres pâte tendre, décoré de jetés de fleurs et de filets bleus au bord.

30 — Deux moutardiers avec couvercles et plateaux oblongs de mêmes porcelaine et décor que la pièce qui précède.

31 — Porte-huilier sur plateau oblong et à corbeilles à jour, de mêmes porcelaine et décor.

32 — Cuvette oblongue à quatre lobes, en ancienne porcelaine de Sèvres pâte tendre, à jetés de roses et couronnes de lauriers.

33 — Sucrier oblong avec couvercle et plateau adhérent en ancienne porcelaine de Sèvres pâte tendre, décoré de bouquets de fleurs.

34 — Petit sucrier avec couvercle surmonté d'une fleur, en ancienne porcelaine de Sèvres pâte tendre, décoré d'oiseaux dans des paysages.

35 — Ravier de forme oblongue, en ancienne porcelaine de Sèvres pâte tendre, à filet bleu au bord et jeté de fleurs.

36 — Tasse et soucoupe de forme arrondie, de mêmes porcelaine et décor.

37 — Tasse et soucoupe de forme droite, de mêmes porcelaine et décor.

38 — Plateau d'écuelle de forme oblongue, en ancienne porcelaine de Sèvres, pâte tendre, décor dit feuille de chou.

39 — Ravier en forme de barque, en ancienne porcelaine de Sèvres pâte tendre, décoré de jetés de fleurs.

40 — Joli cabaret solitaire, en ancienne porcelaine de Sèvres pâte tendre, fond bleu à pois d'or et médaillons, bouquets de fleurs. Il se compose d'un plateau ovale, à contours et à deux anses, une théière, un sucrier, un pot à crème et une tasse droite, avec soucoupe.

41 — Tasse droite avec soucoupe, en ancienne porcelaine de Sèvres pâte tendre, fond couvert d'œils de perdrix bleus et médaillons de paysages en camaïeu bleu et brun, sur fond rosé et brun.

42 — Tasse droite avec soucoupe, en ancienne porcelaine de Sèvres pâte tendre, fond bleu clair, à pois d'or et médaillons de paysages.

43 — Tasse droite avec soucoupe, en ancienne porcelaine de Sèvres pâte tendre, à médaillons de paysages et à bords rayés verticalement, haut et bas, en brun et or.

PORCELAINES TENDRES DIVERSES

44 — Petit vase pot-pourri à côtes et à couvercle découpés à jour, sur terrasse, en ancienne porcelaine tendre de Chantilly. Décor polychrome de style chinois.

45 — Théière en forme de fruit à côtes de même porcelaine, et décor de même style.

46 — Sucrier oblong et à lobes, avec plateau adhérent, en ancienne porcelaine tendre de Chantilly, décoré de fleurs polychromes.

47-48 — Trois sucriers de même forme et de décor analogue à celui qui précède, mais en porcelaine de Menecy.

49 — Petite écuelle à deux anses avec plateau et couvercle en ancienne porcelaine tendre de Menecy, décorée de fleurs.

50 — Pot cylindrique à couvercle de même porcelaine, et de décor analogue.

51 — Sucrier oblong, avec couvercle et plateau, en ancienne porcelaine de Menecy, décoré de fleurs.

52 — Deux petits vases sur piédouches à côtes, en ancienne porcelaine de Menecy, décorés de fleurs.

53 — Trois vases analogues à ceux qui précèdent, mais encore plus petits.

54 — Deux petits socles carrés, de mêmes porcelaine et décor.

55 — Quatre socles dont deux analogues à ceux qui précèdent, mais de décors variés et les deux autres en porcelaine blanche gaufrée.

56 — Moutardier avec plateau oblong, en ancienne porcelaine tendre de Menecy, décor polychrome à fleurs.

57 — Six tasses hautes à anses, avec soucoupes, en ancienne porcelaine tendre de Tournay, décorées de paysages en camaïeu carmin.

58 — Dix-sept petits pots à crème, à couvercle, en ancienne porcelaine de Menecy, décor polychrome à fleurs.

59 — Plateau ovale, à contours, en ancienne porcelaine tendre, décor polychrome à fleurs.

60 — Petite corbeille ovale, en ancienne porcelaine tendre de Menecy, gaufrée à vannerie et décorée de fleurs.

61 — Cabaret en ancienne porcelaine tendre, décoré d'oiseaux sur troncs d'arbre; il se compose d'une théière, d'un pot à crème, un sucrier, cinq tasses hautes, une tasse basse et sept soucoupes.

62 — Deux pièces en ancienne porcelaine tendre, décorées de fleurs : Bol et compotier; ce dernier en porcelaine de Chantilly.

63 — Six tasses basses avec soucoupes, en ancienne porcelaine tendre, décorées de groupes d'oiseaux, dans des paysages.

64 — Cabaret de porcelaine et de décor analogues. Il se compose d'une grande cafetière, un pot à crème, un bol, un sucrier, six tasses hautes et six soucoupes.

65 — Trois pièces de mêmes porcelaine et décor : ravier forme bateau, sucrier avec couvercle et tasse à anse, avec couvercle, mais sans soucoupe.

66 — Trois pièces en ancienne porcelaine de Venise : Deux tasses avec soucoupes, décorées de fruits et d'imbrications lilas au bord, et sucrier oblong à couvercle, à figures de style chinois.

67 — Théière en porcelaine italienne (?), décor polychrome à paysages, figures et animaux.

68 — Deux assiettes à bords festonnés, en ancienne porcelaine de Tournay, à ornements gaufrés, et décorées de paysages en camaïeu carmin.

69 — Deux assiettes analogues à celles qui précèdent.

70 — Assiette en porcelaine tendre, à bords bleus et groupe de fruits, au centre.

71 — Vingt et une assiettes creuses et plates, en porcelaine de Chantilly, à bords gaufrés et décorées de fleurs polychromes.

72 — Quinze assiettes plates, en ancienne porcelaine de Chantilly, à bords festonnés et décor polychrome à fleurs.

73 — Onze assiettes creuses, de mêmes porcelaine et décor.

74 — Huit assiettes de même porcelaine et de décor analogue. Cinq à festons dentelés d'or et trois à bords rosés.

75 — Quinze assiettes à bords festonnés, en ancienne porcelaine de Chantilly, décor polychrome à fleurs.

76 — Bol rond à bords festonnés et à côtes gaufrées, en ancienne porcelaine de la Haye, décoré au centre d'oiseaux dans un paysage, et, au bord, de festons de fleurs en camaïeu rose alternant avec des écailles d'or sur fond bleu.

77 — Deux plats longs et deux soupières, à bords festonnés et à côtes gaufrées, de même porcelaine, décorée d'oiseaux, dans des paysages, au centre, et d'insectes au marli.

PORCELAINES DE SAXE

78 — Jolie petite écuelle à deux anses et à couvercle, en ancienne porcelaine de Saxe à médaillons; sujets chinois, encadrés d'ornements en or et couleurs.

79 — Jolie théière en vieux Saxe, décorée de sujets Watteau.

80 — Autre théière, décorée de sujets champêtres, dans le goût des maîtres flamands.

81 — Vidrecome à anse, décoré d'un paysage avec animaux et fond marine. Il est garni d'un couvercle en argent repoussé.

82 — Autre vidrecome, décoré de fleurs avec couvercle en cuivre doré.

83 — Deux grands vases de forme ovoïde, à col droit et à couvercles, décorés de grandes fleurs, de style chinois.

84 — Deux saucières oblongues à deux anses, à bords gaufrés à vannerie et décorées de fleurs.

85 — Tasse avec couvercle et soucoupe, décorée de sujets militaires en camaïeu carmin, et de fleurs en or au bord.

86 — Six tasses basses à côtes, avec soucoupes, en ancienne porcelaine de Saxe, décorées d'oiseaux.

87 — Six tasses et six soucoupes, à fond lilas et médaillons de paysages.

88 — Trois tasses avec couvercles et soucoupes, décorées de sujets champêtres.

89 — Partie de cabaret, en porcelaine blanche, à figures en relief, réservées en biscuit : Pot à crème et quatre tasses droites avec soucoupes.

90 — Coupe ronde à lobes, en ancienne porcelaine de Saxe, à fleurs gaufrées en relief, et entre-deux à fleurs peintes.

91 — Sucrier avec couvercle, décor polychrome à sujets grotesques.

92 — Coupe ronde à couvercle, en vieux Saxe, décorée de fleurs et montée à anses et piédouche en bronze doré.

93 — Coupe ronde et à pans, à décor polychrome, de style chinois.

94 — Tasse haute avec soucoupe, en vieux Saxe, décorée de sujets champêtres.

95 — Tasse droite avec soucoupe, en ancienne porcelaine de Saxe, fond bleu d'eau et médaillons de fleurs.

96 — Chocolatière en vieux Saxe, fond vert d'eau et médaillons de fleurs.

97 — Autre chocolatière en vieux Saxe à fond jaune, et médaillons en camaïeu violet.

98 — Tasse sans anse et à côtes et deux soucoupes, en ancienne porcelaine de Saxe, à décor de style chinois, à l'écureuil.

99 — Petit pot à deux anses dauphin, en ancienne porcelaine de Saxe, décor de style chinois à l'écureuil.

100 — Deux plateaux forme feuille, à anse formée de branchages, en ancienne porcelaine de Saxe, à décor de fleurs, en deux dimensions.

101 — Plateau simulant une feuille de chou.

102 — Quatre pièces, en ancienne porcelaine de Saxe, à décor de style chinois, à fleurs et animaux : Sucrier, théière, pot à crème et petite soucoupe.

103 — Tasse haute avec soucoupe, en ancienne porcelaine de Saxe, décorée de sujets champêtres et de fleurs.

104 — Partie de cabaret, en ancienne porcelaine de Saxe, décoré de volatiles en camaïeu carmin : Cinq tasses, six soucoupes, un plateau à sucre et un flacon à thé.

105 — Trois tasses dont deux hautes et une basse en porcelaine de Saxe, décorées d'oiseaux.

106 — Deux tasses basses avec soucoupes, en porcelaine de Saxe, décorées de sujets chinois.

107 — Bol rond à couvercle, en ancienne porcelaine de Saxe, décoré de fleurs de style chinois.

108 — Petite veilleuse, dans une boîte ronde à couvercle, en ancienne porcelaine de Saxe, décorée de fleurs.

109 — Deux petits vases à anses, mascarons et draperies, en porcelaine de Saxe, décorés de fleurs et à couvercles surmontés de figurines d'enfants assis.

GROUPES ET STATUETTES

110 — Statuette de turc debout en ancienne porcelaine de Saxe.

111 — Petite statuette de nymphe dansant, en vieux Saxe, sur socle en bronze doré avec branchages garnis de fleurs de porcelaine.

112 — Petit mouton couché en porcelaine de Saxe, décoré au naturel.

113 — Deux statuettes de femmes debout, représentant l'ouie, en ancienne porcelaine de Saxe montées au centre de deux candélabres à deux lumières modèle rocaille en bronze doré avec branchages et fleurs en porcelaine.

114 — Deux petits groupes en porcelaine de Saxe composés chacun de deux figures d'enfants et représentant les quatre parties du monde.

115 — Deux figurines en vieux saxe, le printemps et l'hiver.

116 — Deux statuettes de mineurs en vieux saxe.

117 — Figurine de Neptune en vieux saxe.

118 — Deux statuettes en vieux saxe: acteur et femme orientale.

119 — Trois pièces : oiseau sur tronc d'arbre, singe musicien et enfant figurant l'hiver.

120 — Petit groupe de deux figures en porcelaine de Frankenthal. Jardinier et jardinière.

121 — Grand groupe en porcelaine de Saxe formé d'un arbre et de deux perroquets.

122 — Joli groupe de deux figures, berger et bergère en ancienne porcelaine blanche ; les figures sont assises sur un socle rocaille.

123 — Figure de femme nue couchée et endormie en porcelaine blanche.

124 — La Justice debout, figurine sur un socle à gorge décoré de rosaces carmin et de feuillages verts.

125 — Petit groupe en ancienne porcelaine blanche de Saint-Cloud (?) Berger et bergère.

126-128 — Six statuettes en ancienne porcelaine blanche représentant des sujets variés. Ce lot sera divisé.

129 — Deux grands groupes en porcelaine blanche, personnage turc à cheval et cavalier combattant.

130-133 — Seize figurines en porcelaine de diverses fabriques. Ce lot sera divisé.

PORCELAINES D'ALLEMAGNE

DIVERSES

134 — Cabaret en ancienne porcelaine de Vienne, décoré de larges bouquets de fleurs en camaïeu violet et or. Il se compose d'une théière, une cafetière, un sucrier et cinq tasses avec soucoupes.

135 — Porte-huilier de forme oblongue et de modèle rocaille en ancienne porcelaine de Mayence avec burettes décorées de sujets champêtres et de paysages en camaïeu carmin.

136 — Deux vases à deux anses et avec couvercle en porcelaine de Furstenberg, décorés de bouquets de fleurs.

137 — Cabaret en porcelaine de Berlin décoré de paysages

en camaïeu brun. Il se compose d'une théière, une cafetière, un flacon à thé, un plateau à sucre et deux tasses avec soucoupes.

138 — Coupe ronde et à deux anses formées de tigres et à couvercle surmonté d'une pomme de pin, en porcelaine d'Allemagne décorée de branches de fleurs.

139 — Huit tasses, neuf soucoupes et un sucrier sans couvercle en porcelaine dure décorés de groupes d'oiseaux dans des paysages. Ces pièces portent la marque I. S.

140 — Un bol, quatre tasses, quatre soucoupes et un petit plateau à sucre décorés d'oiseaux. Ces pièces portent la marque C. V. (Kloster Vererdorf).

141 — Deux sucriers oblongs sur plateaux adhérents en ancienne porcelaine de Vienne à rubans bleus gaufrés en relief et rehaussés de dorure et décor de fleurs.

142 — Partie de cabaret en ancienne porcelaine d'Amstel décoré de paysages en camaïeu brun et de bordures vert et or. Il se compose d'une théière, un sucrier, un bol et cinq soucoupes.

143 — Flambeau, modèle rocaille, en ancienne porcelaine de Vienne décoré de fleurs.

144 — Pot à anse et à couvercle en porcelaine de Vienne, fond carmin et médaillons de fleurs encadrés d'or.

145 — Quarante-cinq assiettes plates et creuses en ancienne porcelaine de Nymphenburg à bords festonnés rehaussés de dorure et décor polychrome à fleurs.

146 — Treize assiettes creuses en ancienne porcelaine de Kronenburg décorées de jetés de fleurs.

147 — Six assiettes creuses en ancienne porcelaine de Frankenthal à marli gaufré à vannerie et décorées de fleurs.

148 — Trente-quatre assiettes plates à bords gaufrés à vannerie, en ancienne porcelaine de Frankenthal décorées de fleurs.

149 — Douze assiettes creuses semblables à celles qui précèdent.

150 — Tête-à-tête en ancienne porcelaine de Vienne, décoré de médaillons en grisaille sur fond rosé, représentant des scènes de bacchanales, encadrés d'ornements d'or. Il se compose d'un plateau oblong à angles arrondis avec galerie découpée à jour, d'une cafetière, d'un pot à crème, d'une petite corbeille à sucre et de deux tasses avec soucoupes.

151 — Lot d'environ trois cents fleurs détachées, en ancienne porcelaine tendre et autres. Ce lot sera divisé.

PORCELAINES DE CHINE

152 — Joli vase en forme de rouleau en ancienne porcelaine de Chine décoré en émaux de la famille verte à sujet familier dans un parc et jeux d'enfants au col.

153 — Autre beau vase forme rouleau, en ancienne porcelaine de Chine, décoré en émaux de la famille verte et représentant au pourtour de la panse une réception impériale.

154 — Beau vase de même forme et de même qualité offrant au pourtour de sa panse diverses scènes de combat dans un paysage. Belle qualité.

155 — Vase en forme de rouleau en vieux Chine décoré en émaux de la famille verte, sujet familier avec grands personnages dans un paysage.

156 — Vase de même forme et de même qualité décoré de rochers, de fleurs et d'oiseaux.

157 — Vase analogue à celui qui précède, le col de celui-ci est décoré d'ornements.

158 — Vase en forme de rouleau décoré en émaux de la famille verte; guerriers combattant dans un paysage.

159 — Vase de forme analogue décoré en émaux de la famille verte à larges fleurs, oiseaux et rochers.

160 — Deux jolis vases en forme de potiche en ancienne porcelaine de Chine, décorés de sujets familiers et d'ornements en émaux de la famille verte. Le col de l'un d'eux a été coupé.

161-167 — Sept vases de même forme que ceux qui précèdent en ancienne porcelaine de Chine, décorés sujets familiers et d'ornements variés. Ils seront vendus séparément ou par deux.

168 — Joli vase ovoïde et couvercle en ancienne porcelaine de Chine, décoré en émaux de la famille verte à compartiments de fleurs, vases de fleurs et encadrements d'ornements et de rosaces.

169 — Vase analogue à celui qui précède. Celui-ci est décoré de figures de femmes debout.

170 — Autre vase de mêmes porcelaine et de décor analogue, mais à compartiments décorés de corbeilles de fleurs.

171 — Vase analogue à celui qui précède, mais plus petit.

172 — Deux potiches en ancienne porcelaine de Chine, décorées en émaux de la famille verte, jeux d'enfants dans un paysage et marche triomphale.

173 — Deux potiches de même qualité, décorées de sujets familiers. Les boutons des couvercles sont formés de chimères assises.

174 — Deux potiches analogues à celles qui précèdent, mais plus petites.

175 — Deux potiches de forme surbaissée, décorées de jeux d'enfants en émaux de la famille rose.

176 — Petit vase, forme dite pot-à-tabac, décoré de sujets familiers en émaux de la famille verte.

177-178 — Deux vases de même forme, décorés de fleurs, de vases de fleurs et d'ornements en émaux de la famille rose.

179 — Deux grands vases en forme de rouleau, en ancienne porcelaine de Chine, fond bleu fouetté uni.

180 — Deux potiches avec couvercles en ancienne porcelaine de Chine, décorées en émaux de la famille verte à fleurs, chimères et ornements.

181 — Deux petits vases ovoïdes allongés en ancienne porcelaine de Chine, décorés d'arbustes, de rochers et de fleurs en émaux de la famille verte. Ils sont garnis haut et bas de montures rocaille en bronze ciselé et doré.

182 — Deux petits vases en forme de balustre allongé en ancienne porcelaine de Chine offrant des branches et des vases de fleurs en relief, décorés en émaux de la famille rose. Ils sont garnis de montures rocaille en bronze ciselé et doré.

183 — Deux vases de forme ovoïde allongée en ancienne porcelaine de Chine à décor bleu sur blanc, à attributs corbeilles de fleurs et ornements. Ils sont garnis de montures en bronze ciselé et doré.

184 — Deux vases de même forme en ancienne porcelaine de Chine, décorés de fleurs, de lambrequins, et d'ornements en émaux de la famille verte. Quoique différant de décors, ces deux vases peuvent se faire pendant. Ils sont garnis de montures rocaille en bronze ciselé et doré.

185 — Deux vases en forme de balustre aplati, à deux anses, en ancienne porcelaine de Chine, à fond rouge clathré d'or, et à médaillons de personnages en couleurs. Ils sont garnis de montures en bronze ciselé et doré.

186 — Deux vases en forme de balustre à côtes en ancienne porcelaine de Chine, décorés en émaux de la famille verte à lambrequins, ornements et fleurs. Ils sont garnis de montures rocaille en bronze doré.

187 — Deux petits vases ovoïdes à ouvertures larges en ancienne porcelaine de Corée, décorés de rochers, d'arbustes et d'oiseaux émaillés en couleurs.

188 — Deux jolies coupes de forme octogone en ancienne porcelaine de Chine décorées de chevaux, d'animaux divers et de fleurs émaillés en couleurs. L'intérieur offre des fleurs et des oiseaux. Elles sont montées sur des pieds à cariatides d'animaux en bronze doré.

189 — Pot à eau avec cuvette oblongue à angles coupés en ancienne porcelaine de l'Inde à attributs, dans un paysage, émaillés en couleurs. Le fond gros bleu et les décors d'or ont été ajoutés postérieurement.

190 — Vase cylindrique à gorge, en ancienne porcelaine de Chine décoré d'un lion fabuleux, d'ornements et d'arbustes sur fond clathré de rouge.

191 — Vase de même forme et de même qualité que celui qui précède. Celui-ci est décoré de compartiments de fleurs et d'écailles rouges.

192 — Jardinière cylindrique en ancienne porcelaine de Chine décorée en émaux de la famille verte à chimères, arbustes et ornements.

193 — Jardinière de même qualité, légèrement évasée, décorée de compartiments de fleurs et d'entre-d'eux à écailles rouges.

194 — Belle bouteille en ancienne porcelaine de Corée, décorée de sujets familiers et de fleurs.

195 — Deux flacons de forme hexagone en ancienne porcelaine de Chine, décorés en émaux de la famille verte à figures de femmes, attributs et fleurs.

196-197 — Quatre coupes rondes et profondes à couvercles en ancienne porcelaine de Chine, décorées de fleurs et de feuillages en émaux de la famille verte.

198 — Flacon carré à gorge ronde à couvercle en ancienne porcelaine de Chine, décoré de hérons, d'oiseaux et de fleurs en couleurs.

199 — Petit vase en forme ovoïde en vieux chine, fond bleu fouetté et compartiments de fleurs. Il est monté en bronze doré à quatre griffes de lion et à deux anses.

200 — Petit vase en forme de gourde de même qualité que celui qui précède. Il est également monté à anses scele et gorge, à ornements rocaille en bronze doré.

201 — Petit vase en forme de bouteille à panse sphérique de mêmes porcelaine et décor que celui qui précède. Il est garni d'une monture rocaille à deux anses en bronze doré.

202 — Deux jolis petits groupes composés chacun d'un coq et de feuilles en ancienne porcelaine de Chine, décorés en émaux de la famille verte sur feuilles émaillées violet.

203 — Trois petites chimères en céladon bleu turquoise.

204 — Deux autres chimères debout en céladon violet.

205 — Quatre petites chimères en ancienne porcelaine de Chine émaillées vert, violet et jaune.

206 — Deux perroquets debout émaillés au naturel.

207 — Deux poules sur rochers en ancienne porcelaine de Chine, décorées en bleu, rouge et or.

208 — Poule et coq sur rocher, de mêmes porcelaine et décor.

209 — Deux figures de femmes debout en ancienne porcelaine du Japon dont les vêtements sont émaillés en couleurs.

210 — Deux vases en forme de balustre à couvercle en ancienne porcelaine de Chine, à décor bleu sur blanc à compartiments de fleurs.

211 — Deux vases de forme et de décor analogues mais plus grands.

212 — Autre vase analogue. Celui-ci est garni de fleurs porte-lumières en bronze doré.

213 — Deux petits flacons en forme de baril, à décor bleu. Ils sont garnis de bouchons en cuivre doré.

214 — Deux statuettes de personnages debout, en ancienne porcelaine de Chine, décorées en émaux de la famille verte.

215 — Deux bouteilles en ancienne porcelaine de Chine, décorées de chimères en émaux de la famille verte.

216 — Deux petits cornets en ancienne porcelaine de Chine, décorés de sujets familiers en émaux de la famille rose.

217 — Deux petits vases en forme de gourde à panse sphérique et à côtes en ancienne porcelaine de Chine à décor bleu. Ils sont garnis de bouchons en cuivre doré.

218 — Joli plat rond à bords festonnés, en vieux chine, décoré de compartiments de fleurs en émaux de la famille verte.

219 — Plat rond de même qualité, décoré d'oiseaux, de rochers, de fleurs et d'animaux.

220 — Grand plat en vieux chine, décoré d'un sujet familier et d'ornements en émaux de la famille rose.

221 — Plat rond de même qualité, décoré d'un sujet familier au fond et de bouquets de fleurs au marli.

222 — Deux plats ronds en ancienne porcelaine de Chine, à marli gaufré et décor de fleurs, d'oiseaux et d'ornements en bleu, rouge et or.

223 — Plat rond en vieux chine, décoré en émaux de la famillerose. Au fond une scène théâtrale; au marli, des éventails à sujets familiers, et entre-deux à fleurs sur fond rose caillouté.

224 — Plat rond à bords festonnés en vieux chine, décoré en émaux de la famille verte. Au fond, scène de combat. Au marli, compartiments de paysages sur fond à rosaces.

225 — Plat rond en vieux chine, décoré en émaux de la famille verte à grandes figures de femmes et enfant dans un paysage.

226 — Beau plat rond en vieux chine, décoré en émaux de la famille verte, à sujet familier, composé de trois grandes figures de femmes dont les cheveux sont émaillés noir.

227 — Plat rond en vieux chine, décoré en émaux de la famille verte à médaillon de paysage et oiseaux au fond et ornements au bord.

228-234 — Neuf jolis plats en ancienne porcelaine de Chine (époque des Mings) à décors de fleurs et d'ornements en émaux verts, jaunes et rouges. Ils seront vendus séparément ou par deux.

235 — Plat rond, décoré d'un sujet familier en émaux de la famille verte.

236 — Plat rond en vieux chine, décoré en émaux de la famille verte à fleurs, oiseaux et rochers au fond et à compartiments de fleurs et attributs au bord.

237 — Plat rond en vieux chine, décoré au fond d'un sujet tiré d'un roman chinois et au bord, de rosaces rouges et or et de compartiments de fleurs.

238 — Plat rond en vieux chine, décoré en émaux de la famille verte à fleurs et oiseaux.

239 — Plat rond en vieux chine, décoré en émaux de la famille verte à arbustes et fleurs au fond et compartiments de fleurs et d'insectes au bord, sur fond pointillé vert et lignes rouges.

240 — Plat rond en vieux chine, décoré d'un sujet familier au fond et de compartiments de fleurs avec entre-deux à rosaces au bord.

241-243 — Six jolies plaques rectangulaires en vieux chine, décorées en émaux de la famille verte à sujets familiers et fleurs. Elles seront vendues par deux.

244-245 — Quatre plats en ancienne porcelaine de Japon, à décor de fleurs et d'ornements en bleu, rouge et or.

246 — Huit jolies assiettes en ancienne porcelaine de Chine, décor polychrome à cailles, fleurs et ornements.

247 — Quatre assiettes creuses en vieux chine, décorées en émaux de la famille verte : coqs et fleurs au fond, ornements et fleurs émaillés blanc, bleu et rose au marli.

248 — Cinq assiettes à bords festonnés en vieux chine, décorées de paysages émaillés au fond et d'ornements en rouge et or au marli.

249 — Seize assiettes en vieux chine, décorées en émaux de la famille verte, à fleurs, oiseaux et ornements. Ce lot sera divisé.

250 — Belle assiette en vieux chine, décorée en émaux de la famille rose à médaillon en forme de feuille au fond, décorée d'un paysage et lambrequins et fleurs au marli.

www.ingramcontent.com/pod-product-compliance
Ingram Content Group UK Ltd.
Pitfield, Milton Keynes, MK11 3LW, UK
UKHW022145260726
13993UKWH00005B/2157

9 782329 514482